Vera Stein

Herzliche Tatzengrüße!

Pattloch

Katzen erreichen mühelos, was uns Menschen versagt bleibt:
durchs Leben zu gehen, ohne Lärm zu machen.

Ernest Hemingway

Du bist mir ans Herz gewachsen.
Herzliche Tatzengrüße
für dich!

Danke,
dass du mir meinen Willen lässt.

Der Mensch ist das einzige Geschöpf,
das erzogen werden muss.

Immanuel Kant

Uns verbindet so viel.
Schön, dass du immer für mich da bist.

Kein festeres Band der Freundschaft
als gemeinsame Pläne und gleiche Wünsche.

Marcus Tullius Cicero

Dir kann man
so leicht nichts vormachen.

Wenn man einen Riesen sieht, so untersuche man
erst den Stand der Sonne und gebe acht,
ob es nicht der Schatten eines Pygmäen ist.

Novalis

An dir gibt es wirklich
nichts auszusetzen.

Wenn eine Ziege zur Stelle ist,
soll kein anderer für sie meckern.

Aus Afrika

Dein Ideenreichtum überrascht mich
immer wieder.

Manchem glückt es, überall ein Idyll zu finden:
und wenn er's nicht findet, so schafft er's sich.

Theodor Fontane

Deine Liebe und deine Wärme
sind für mich die schönsten Geschenke
der Welt.

Da ich nicht reich bin,
bring ich dir viel in der Seele mit.

Johann Wolfgang von Goethe

Willkommen im Reich der Träume!
Leg dich doch einfach mal auf
die faule Haut; du hast es verdient.

Niemals bin ich weniger müßig als in meinen
Mußestunden und niemals weniger einsam,
als wenn ich allein bin.

Marcus Tullius Cicero

Du bist ein wahrer Lebenskünstler:
zufrieden, glücklich und heiter.

Wer so lebt, dass er mit Vergnügen auf sein vergangenes Leben zurückblicken kann, lebt zweimal.

Marcus Valerius Martialis

Du schaffst es, aus jeder Situation
das Beste zu machen.

Das Glück besteht nicht darin, dass du tun kannst,
was du willst, sondern darin,
dass du auch immer willst, was du tust.

Lew Nikolajewitsch Tolstoi

Das Leben mit dir
steckt voller Überraschungen.

Wer nicht neugierig ist,
erfährt nichts.

Johann Wolfgang von Goethe

Wenn Fortuna ihre Geschenke verteilt,
wünsche ich dir, dass auch für dich
etwas dabei ist.

Will das Glück nach seinem Sinn dir was Gutes
schenken, sage Dank und nimm es hin
ohne viel Bedenken.

Wilhelm Busch

Gemeinsam haben wir
schon manches Tief überwunden.

Wer will denn alles gleich ergründen!
Sobald der Schnee schmilzt, wird sich's finden.

Johann Wolfgang von Goethe

Ich mag dich einfach
so wie du bist.

Wer immer nur nach dem Zweck der Dinge fragt,
wird ihre Schönheit nie entdecken.

Halldór Kiljan Laxness

Ich bin neugierig
auf jeden neuen Tag mit dir.

Es gibt keinen, der nicht in irgendetwas der Lehrer des anderen sein könnte.

Baltasar Gracián

Du tust
mir tierisch gut!

Die Katze ist das einzige vierbeinige Tier, das dem Menschen eingeredet hat, er müsse es erhalten, es brauche aber dafür nichts zu tun.

Kurt Tucholsky

Ein kurzer Blick genügt
und wir wissen, dass wir uns verstehen.

Es ist was Schönes, sein eigenes Bild
im liebenden Auge zu erblicken.

Johann Wolfgang von Goethe

Dich bringt so schnell
nichts aus der Ruhe.

Geduld ist die Kunst zu hoffen.

Friedrich Schleiermacher

Du bist mein Sonnenschein.
Ich freue mich, dass es dich gibt!

Sonne kann nicht ohne Schein,
Mensch nicht ohne Liebe sein.

Johann Wolfgang von Goethe

Die Deutsche Bibliothek – CIP Einheitsaufnahme
Ein Titelsatz für diese Publikation ist bei
Der Deutschen Bibliothek erhältlich.

Bildnachweise:
Titel, S. 3: Fotex/Orion Press – S. 2: Zefa/Spichtinger
S. 5: Annette Timmermann – S. 7: IFA/F. Prenzel – S. 9: Konrad Wothe/LOOK
S. 11: IFA/Reinhard – S. 13: Annette Timmermann – S. 15: Hans Reinhard
S. 17: Annette Timmermann – S. 19: Hans Reinhard – S 21: Premium./Stock Image
S. 23: IFA/Vahl – S. 25: Premium./Kiefner – S. 27, S. 29: Annette Timmermann
S. 31: IFA/Borodulin – S. 33: Zefa/Botzek – S. 35: IFA/R. Maier
S. 37: Zefa/Kalt – S. 39: Zefa/Heitmann

Überarbeitete Neuausgabe

Gedruckt auf chlorfrei gebleichtem Papier.
Konzept und Realisation: S/L-Kommunikation
Druck und Bindung: Druckerei Uhl, Radolfzell
Printed in Germany
ISBN 3-629-01166-7